ESSENTIAL GUIDE TO CHINESE HISTORY

PART 16

DEMOCRATIC REVOLUTION PERIOD

民主主义革命时期

SECOND EDITION (LARGE PRINT)

学习简单的中国历史文化

QING QING JIANG

PREFACE

Welcome to the Chinese History series, a series dedicated to helping Mandarin Chinese learners improve Chinese reading skills. In this series, we will discover China's 5,000-year-old history. Each of the books will focus on one important ruling Chinese dynasty. The books contain numerous lessons in Mandarin Chinese. We start with a ruling dynasty specific preface (前言), a brief introduction to the dynasty or related themes, and continue to dig the important aspects of the ruling era, such as politics, economy, etc. in the form or chapters. Each book contains 5 to 10 chapters. For the readers' convenience, a comprehensive list of vocabulary has been provided at the beginning of each chapter. The pinyin for the Chinese text is provided after the main text. Further, to enforce deeper learning, the English interpretation of the Chinese text has been purposely excluded for the books. This would help the readers think deeply about the contents the way native Chinese think. In order to help the Chinese learner remember important characters, words, long words, idioms, etc., these entities have been purposely repeated throughout the book, and across the books in the series. Taken together, the books in Chinese History series will tremendously help readers improve their Chinese reading skills.

If you have any questions, suggestions, and feedbacks, feel free to let me know in the review or comments.

You can find more about China and Chinese culture on my Amazon homepage.

I blog at:

www.QuoraChinese.com

-Qing Qing 江清清

©2023 Qing Qing Jiang

All rights reserved.

ESSENTIAL GUIDE TO CHINESE HISTORY

ACKNOWLEDGMENTS

I am a blogger. It has been a long and interesting journey since I started blogging quite a few years ago.

The blogging passion enabled me to write useful contents. In particular, I have been writing about China, and its culture.

My passion in writing was supported by my friends, colleagues, and most importantly, the almighty.

I thank everyone for constantly inspiring me in my life endeavours.

CONTENTS

PREFACE 2
ACKNOWLEDGMENTS 4
CONTENTS 5
INTRODUCTION TO THE DEMOCRATIC REVOLUTION (清朝历史简介) . 8
NEW DEMOCRATIC REVOLUTION PERIOD (新民主主义革命时期) 10
    PART 1 10
    PART 2 17
FOUNDING OF NEW CHINA (新中国成立) 25
    PART 1 25
    PART 2 34
THE NANJING MASSACRE (南京大屠杀) 39
    PART 1 39
    PART 2 47

前言

中国五千年历史辉煌，中华文化博大精深。历史的长流中总有些特殊的事件，彼此串联形成了丰富多彩的历史。这一章我们将了解到中国近代历史中三个著名的时期，分别是新民主主义革命时期，新中国成立和南京大屠杀。新民主主义革命时期是辞旧迎新的时期，是民族解放，中华人民步入新时代的必经之路。新中国的成立是划时代的事件，他不仅使中国确立了新的政治制度，更给中华人民带来了光辉的未来。南京大屠杀一个残忍的回忆，他充斥着日本侵华者的残忍，贪婪和恐怖，他不仅是中国的耻辱，更是全世界爱好和平人的耻辱。接下来让我们畅读本文，感受每个时期思想与文明的交汇。

Zhōngguó wǔqiān nián lìshǐ huīhuáng, zhōnghuá wénhuà bódàjīngshēn. Lìshǐ de cháng liú zhōng zǒng yǒuxiē tèshū de shìjiàn, bǐcǐ chuànlián xíngchéngle fēngfù duōcǎi de lìshǐ. Zhè yī zhāng wǒmen jiāng liǎojiě dào zhōngguó jìndài lìshǐ zhòng sān gè zhùmíng de shíqí, fēnbié shì xīn mínzhǔ zhǔyì gémìng shíqí, xīn zhōngguó chénglì hé nánjīng dà túshā. Xīn mínzhǔ zhǔyì gémìng shíqí shì cí jiù yíngxīn de shíqí, shì mínzú jiěfàng, zhōnghuá rénmín bù rù xīn shídài de bì jīng zhī lù. Xīn zhōngguó de chénglì shì huàshídài de shìjiàn, tā bùjǐn shǐ zhōngguó quèlìle xīn de zhèngzhì zhìdù, gèng gěi zhōnghuá rénmín dài láile guānghuī de wèilái. Nánjīng dà túshā yīgè cánrěn de huíyì, tā chōngchìzhe rìběn qīn huá zhě de cánrěn, tānlán hé kǒngbù, tā bùjǐn shì zhōngguó de chǐrǔ, gèng shì quán shìjiè àihào hépíng rén de chǐrǔ. Jiē xiàlái ràng wǒmen chàng dú běnwén, gǎnshòu měi gè shíqí sīxiǎng yǔ wénmíng de jiāohuì.

INTRODUCTION TO THE DEMOCRATIC REVOLUTION (清朝历史简介)

The Democratic Revolution (民主主义革命) of China was the revolution that ultimately overthrew thousands of years long imperialism and eventually led to the establishment of the People's Republic of China, a socialist state.

The Democratic Revolution is broadly divided into two stages:

- ✓ Old Democratic Revolution (旧民主主义革命, 1840-1919), and
- ✓ New Democratic Revolution (新民主主义革命, 1919-1949)

The Old Democratic Revolution was led by the bourgeoisie (资产阶级) against foreign aggression and feudal rule of the country. It aimed at establishing a capitalist society and a state under the dictatorship of the bourgeoisie (资产阶级专政).

The New Democratic Revolution was the revolution led by the proletariat and by the masses of the people against imperialism, feudalism and bureaucratic capitalism. Its goal was to establish a socialist state lead by the proletariat (through the Chinese Communist Party).

The Opium War (鸦片战争) that broke out in 1840 marked the beginning of the Old Democratic Revolution in China. The revolution was led by the bourgeoisie. The period of the Opium War in 1840 to the 79 years before the May Fourth Movement (五四运动) in 1919 was the period of the Old Democratic Revolution. The Xinhai Revolution (辛亥革命) of 1911 was part of the Old Democratic Revolution. The Old Democratic Revolution was led by the bourgeoisie in European and

American countries in the 17th and 18th centuries. It aimed to overthrow the oppression of feudal autocracy and establish the political rule of the bourgeoisie. The Old Democratic Revolution could be divided into two periods: foreign capitalist aggression, and Chinese people's resistance struggle.

The May Fourth Movement was a turning point (转折点) in China's transition from the Old Democratic Revolution to the New Democratic Revolution. China's New Democratic Revolution begun with the May Fourth Movement in 1919, and the bourgeois-democratic revolution that preceded it was called China's old-democratic revolution. The new revolution organized mass social movement to establish the socialist state. The founding of the People's Republic of China marked the end of China's New Democratic Revolution, and the beginning of the socialist revolution (社会主义革命).

The Chinese history of the period from 1840 to 1949 is known as Modern Chinese History (中国近代史) or History of Modern China. The history from 1949 onwards is known as Contemporary History of China (中国现代史) or History of Contemporary China.

NEW DEMOCRATIC REVOLUTION PERIOD (新民主主义革命时期)

PART 1

1	中国	Zhōngguó	China; Sino-
2	新民主主义革命	Xīn mínzhǔ zhǔyì gémìng	New Democratic Revolution
3	时期	Shíqí	Period
4	标志性	Biāozhì xìng	Landmark; iconic; marker
5	事件	Shìjiàn	Event; incident
6	五四运动	Wǔsì yùndòng	The May 4th Movement
7	成立	Chénglì	Found; establish; set up
8	近代	Jìndài	Modern times
9	闭关锁国	Bìguān suǒguó	Cut off one's country from the outside world; avoid having contact with other countries; close the border
10	中国政府	Zhōngguó zhèngfǔ	The Chinese government
11	腐败	Fǔbài	Rotten; putrid; decayed; go home
12	在西方	Zài xīfāng	In the west; West; west wind
13	飞速	Fēisù	At full speed
14	农业国	Nóngyè guó	Agricultural country/nation
15	一段时间	Yīduàn shíjiān	A period of time
16	列强	Lièqiáng	Big powers
17	侵犯	Qīnfàn	Encroach on; infringe upon; violate
18	签订	Qiāndìng	Conclude and sign

19	一系列	Yī xìliè	Series; tail; round; a series of
20	条约	Tiáoyuē	Convention; treaty; pact
21	一直到	Yīzhí dào	Through; up to
22	资产阶级	Zīchǎn jiējí	The capitalist class; the bourgeoisie
23	工人阶级	Gōngrén jiējí	The working class
24	步步	Bù bù	Step by step; at every step
25	协约国	Xiéyuēguó	Entente; confederate; entente countries
26	出席	Chūxí	Attend; be present
27	巴黎	Bālí	Paris
28	废除	Fèichú	Abolish; abrogate; annul; annihilate
29	势力范围	Shìlì fànwéi	Sphere of influence; zone of influence
30	不平等	Bù píngděng	Inequality; odds; inequalities
31	条文	Tiáowén	Article; clause
32	山东	Shāndōng	Shandong
33	特权	Tèquán	Privilege; prerogative
34	北洋	Běiyáng	The Qing Dynasty name for the coastal provinces of Liaoning, Hebei and Shandong
35	懦弱	Nuòruò	Cowardly; weak
36	传到	Chuán dào	Spread to; transmit; pass on to
37	各族人民	Gè zú rénmín	People of all nationalities
38	反抗	Fǎnkàng	Revolt; resist; react
39	历史上	Lìshǐ shàng	Historically; in history

40	五四	Wǔsì	May 4th (1919)
41	反帝	Fǎn dì	Anti-imperialist; against imperialism
42	反封建	Fǎn fēngjiàn	Anti-feudal; anti-feudalism; against feudalism
43	救国	Jiùguó	Save the nation
44	强国	Qiángguó	Powerful nation; power
45	马克思主义	Mǎkèsī zhǔyì	Marxism
46	工人运动	Gōngrén yùndòng	Workers' movement; labor movement
47	中国共产党	Zhōngguó gòngchǎndǎng	The Communist Party of China
48	旧民主主义革命	Jiù mínzhǔ zhǔyì gémìng	Old Democratic Revolution
49	转折点	Zhuǎn zhédiǎn	Turn; turning point
50	民族独立	Mínzú dúlì	National independence
51	刚开始	Gāng kāishǐ	At first; get off the ground; in the beginning
52	示威游行	Shìwēi yóuxíng	Demonstration; march; parade
53	合约	Héyuē	Treaty; contract
54	签字	Qiānzì	Sign; affix one's signature
55	北洋军阀	Běiyáng jūnfá	The Northern Warlords
56	爱国	Àiguó	Love one's country; be patriotic
57	严厉	Yánlì	Stern; severe
58	镇压	Zhènyā	Suppress; repress; put down;
59	左右	Zuǒyòu	The left and right sides; about; or so; or

			thereabouts
60	基本上	Jīběn shàng	Mainly
61	终于	Zhōng yú	At last; in the end; finally; eventually
62	觉醒	Juéxǐng	Awaken; awake; arousal; waking state
63	先后	Xiānhòu	Early or late; priority; order; successively
64	罢工	Bàgōng	Strike; go on strike; down tools; walk off the job
65	商人	Shāngrén	Businessman; merchant; trader
66	罢市	Bàshì	Shopkeepers' strike
67	从而	Cóng'ér	Thus; thereby; thereupon then; so then
68	深远	Shēnyuǎn	Profound and lasting; far-reaching
69	运动	Yùndòng	Motion; movement; locomotion; travel
70	席卷	Xíjuǎn	Roll up like a mat; carry everything with one; take away everything
71	聚集	Jùjí	Gather; assemble; collect; accumulation
72	北京	Běijīng	Beijing; Peking
73	工人	Gōngrén	Worker; workman; wright; factory-hand
74	上海	Shànghǎi	Shanghai
75	中心城市	Zhōngxīn chéngshì	Key city
76	迁移	Qiānyí	Move; remove; migrate; shift

Chinese (中文)

1919 年~1949 年是中国新民主主义革命时期，1919 年的标志性事件是五四运动，1949 年新中国成立。

在中国近代，由于中国实施了闭关锁国的政策，中国政府腐败，中国人民的生活也受到了非常大的影响，在西方科技飞速进展的同时，中国还是一个科技落后的农业国。因此中国在很长一段时间内受到了列强的侵犯，签订了一系列上权辱国的条约。一直到 1919 年的时候，中国的资产阶级和工人阶级的力量也是一步步的成长起来。

1919 年初中国作为协约国的成员之一出席了巴黎的和会，中国政府提出了废除外国在华的势力范围等一系列不平等的条文的正义的要求，结果遭到了拒绝。甚至规定德国要将中国山东获得的一切特权交给日本，我们当时的政府是北洋政府，北洋政府非常的懦弱，准备在这样的合约上签字。这个消息传到国内之后，引起了各族人民的强烈反抗，所以就引发了历史上著名的爱国运动，即五四运动。

五四运动是一种彻底的反帝反封建的爱国运动，具有救国强国真理的进步性，并且得到了国内各族各界人民的广泛参与，推动了中国社会的进步，也促进了马克思主义在中国的传播。同时马克思主义与中国工人运动的结合也为中国共产党的成立做了思想上的准备，所以五四运动是从中国旧民主主义革命走向新民主主义革命的转折点。他是在中国近代以来中华人民追求民族独立和进步发展的标志性事件。

在五四运动刚开始的时候，是以学生为主体，学生举行示威游行，他们主张拒绝在合约上签字，要求惩罚北洋军阀政府的相关官员。而当时的北洋政府对学生的这种爱国运动是采取严厉也镇压的，所以这群学生坚持了一个月左右的时候，基本上要面临失败了。就在快失败的时候，中国工人阶级终于觉醒了，为了支持学生先后进行罢工。工人罢工又会导致商人罢市，学生罢课，从而影响非常深远，这个运动席卷了二十多个省区，一百多个城市。学生主要是聚集在北京，工人主要是聚集在上海，所以这场运动的发生的中心城市从北京迁移到了上海。

Pinyin (拼音)

1919 Nián ~1949 nián shì zhōngguó xīn mínzhǔ zhǔyì gémìng shíqí,1919 nián de biāozhì xìng shìjiàn shì wǔsì yùndòng,1949 nián xīn zhōngguó chénglì.

Zài zhōngguó jìndài, yóuyú zhōngguó shíshīle bìguānsuǒguó de zhèngcè, zhōngguó zhèngfǔ fǔbài, zhōngguó rénmín de shēnghuó yě shòudàole fēicháng dà de yǐngxiǎng, zài xīfāng kējì fēisù jìnzhǎn de tóngshí, zhōngguó háishì yīgè kējì luòhòu de nóngyè guó. Yīncǐ zhōngguó zài hěn zhǎng yīduàn shíjiān nèi shòudàole lièqiáng de qīnfàn, qiāndìngle yī xìliè shàng quán rǔ guó de tiáoyuē. Yīzhí dào 1919 nián de shíhòu, zhōngguó de zīchǎn jiējí hé gōngrén jiējí de lìliàng yěshì yībù bù de chéngzhǎng qǐlái.

1919 Niánchū zhōngguó zuòwéi xiéyuēguó de chéngyuán zhī yī chūxíle bālí de hé huì, zhōngguó zhèngfǔ tíchūle fèichú wàiguó zài huá de shìlì fànwéi děng yī xìliè bù píngděng de tiáowén de zhèngyì de yāoqiú, jiéguǒ zāo dàole jùjué. Shènzhì guīdìng déguó yào jiàng zhōngguó shāndōng huòdé de yīqiè tèquán jiāo gěi rìběn, wǒmen dāngshí de zhèngfǔ shì běiyáng zhèngfǔ, běiyáng zhèngfǔ fēicháng de nuòruò, zhǔnbèi zài zhèyàng de héyuē shàng qiānzì. Zhège xiāoxī chuán dào guónèi zhīhòu, yǐnqǐle gè zú rénmín de qiángliè fǎnkàng, suǒyǐ jiù yǐnfāle lìshǐ shàng zhùmíng de àiguó yùndòng, jí wǔsì yùndòng.

Wǔsì yùndòng shì yī zhǒng chèdǐ de fǎn dì fǎn fēngjiàn de àiguó yùndòng, jùyǒu jiùguó qiángguó zhēnlǐ de jìnbù xìng, bìngqiě dédàole guónèi gè zú gèjiè rénmín de guǎngfàn cānyù, tuīdòngle zhōngguó shèhuì de jìnbù, yě cùjìnle mǎkèsī zhǔyì zài zhōngguó de chuánbō. Tóngshí mǎkèsī zhǔyì yǔ zhōngguó gōngrén yùndòng de jiéhé yě wéi zhōngguó gòngchǎndǎng de chénglì zuòle sīxiǎng shàng de zhǔnbèi, suǒyǐ wǔsì yùndòng shì cóng zhōngguó jiù mínzhǔ zhǔyì gémìng zǒuxiàng xīn mínzhǔ zhǔyì gémìng de zhuǎnzhédiǎn. Tā shì zài zhōngguó jìndài yǐlái zhōnghuá rénmín zhuīqiú mínzú dúlì hé jìnbù fāzhǎn de biāozhì xìng shìjiàn.

Zài wǔsì yùndòng gāng kāishǐ de shíhòu, shì yǐ xuéshēng wéi zhǔtǐ, xuéshēng jǔxíng shìwēi yóuxíng, tāmen zhǔzhāng jùjué zài héyuē shàng qiānzì, yāoqiú chéngfá běiyáng jūnfá zhèngfǔ de xiāngguān guānyuán. Ér dāngshí de běiyáng zhèngfǔ duì xuéshēng de zhè zhǒng àiguó yùndòng shì cǎiqǔ yánlì yě zhènyā de, suǒyǐ zhè qún xuéshēng jiānchíle yīgè yuè zuǒyòu de shíhòu, jīběn shàng yào miànlín shībàile. Jiù zài kuài shībài de shíhòu, zhōngguó gōngrén jiējí zhōngyú juéxǐngle, wèile zhīchí xuéshēng xiānhòu jìnxíng bàgōng. Gōngrén bàgōng yòu huì dǎozhì shāngrén bàshì, xuéshēng bàkè, cóng'ér yǐngxiǎng fēicháng shēnyuǎn, zhège yùndòng xíjuǎnle èrshí duō gè shěng qū, yībǎi duō gè chéngshì. Xuéshēng zhǔyào shi jùjí zài běijīng, gōngrén zhǔyào shi jùjí zài shànghǎi, suǒyǐ zhè chǎng yùndòng de fā shēng de zhōngxīn chéngshì cóng běijīng qiānyí dàole shànghǎi.

PART 2

1	迫于	Pò yú	Constrain
2	罢免	Bàmiǎn	Recall; remove from office; dismiss somebody from his post
3	巴黎	Bālí	Paris
4	五四运动	Wǔsì yùndòng	The May 4th Movement
5	危亡	Wéiwáng	In peril; at stake
6	掀起	Xiānqǐ	Lift; raise
7	马克思主义	Mǎkèsī zhǔyì	Marxism
8	广泛传播	Guǎngfàn chuánbò	Spread wide
9	主张	Zhǔzhāng	Proposal; opinion; assertion; view
10	狭义	Xiáyì	Narrow sense
11	资产阶级民主	Zīchǎn jiējí mínzhǔ	Bourgeois democracy
12	劳动人民	Láodòng rénmín	Laboring people; working people
13	第二个	Dì èr gè	The second; 2nd
14	反封建	Fǎn fēngjiàn	Anti-feudal; anti-feudalism; against feudalism
15	启蒙	Qǐméng	Impart rudimentary knowledge to beginners; initiate; enlighten; free somebody from prejudice or superstition
16	腐朽	Fǔxiǔ	Rotten; decayed; punk; decadent
17	封建	Fēngjiàn	The system of enfeoffment; feudalism
18	上进	Shàngjìn	Go forward; make progress

19	工人阶级	Gōngrén jiējí	The working class
20	资产阶级	Zīchǎn jiējí	The capitalist class; the bourgeoisie
21	阶级	Jiējí	Class; step
22	政党	Zhèngdǎng	Political party
23	受尽	Shòu jǐn	Suffer enough from; suffer all kinds of; have one's fill of
24	列强	Lièqiáng	Big powers
25	中华民族	Zhōnghuá mínzú	The Chinese people/nation/ethnic group
26	志士	Zhìshì	Person of ideals and integrity; honest patriot
27	千辛万苦	Qiān xīn wàn kǔ	Go through untold hardships; go through thick and thin; all kinds of hardships; countless hardships
28	百折不挠	Bǎizhé bùnáo	Never yield in spite of reverses; be undaunted by repeated setbacks; dauntless; keep on fighting in spite of all setbacks
29	自强运动	Zìqiáng yùndòng	Self-Strengthening Movement (1860s-1890s)
30	农民战争	Nóngmín zhànzhēng	Peasant war
31	资产阶级革命	Zīchǎn jiējí gémìng	Bourgeois revolution
32	既然	Jìrán	Since; as; now that
33	不能够	Bù nénggòu	Unable; not able; Ability and Inability
34	反帝	Fǎn dì	Anti-imperialist; against imperialism
35	共产党	Gòng chǎndǎng	The Communist Party

36	诞生	Dànshēng	Be born; come into the world
37	民主革命	Mínzhǔ gémìng	Democratic revolution
38	新三民主义	Xīn sānmín zhǔyì	New Three Principles of the People
39	第一次	Dì yī cì	First; for the first time
40	共产党员	Gòng chǎndǎng yuán	Member of the Communist Party of China
41	一个人	Yīgè rén	One
42	三民主义	Sānmín zhǔyì	The Three People's Principles
43	国共合作	Guógòng hézuò	Kuomintang-Communist cooperation
44	黄埔	Huángbù	Harbor in Guangdong; seat of the Huangpu Military Academy from 1924 to 1927
45	陆军军官学校	Lùjūn jūnguān xuéxiào	Military academy of land force
46	国民党	Guómíndǎng	Nationalist party; the Kuomintang
47	北洋军阀	Běiyáng jūnfá	The Northern Warlords
48	共同努力	Gòngtóng nǔlì	In a common effort; joint efforts; in a common endeavor; pool somebody's
49	军阀	Jūnfá	Warlord
50	帝国主义	Dìguó zhǔyì	Imperialism
51	事端	Shìduān	Disturbance; incident; dispute
52	拉拢	Lālǒng	Draw somebody Over to one's side; cozy up to; rope in
53	总司令	Zǒng sīlìng	Commander in chief
54	蒋介石	Jiǎngjièshí	Chiang Kaishek (Kuomingtang party leader and head of

			Nationalist Government in mainland China and Taiwan) (1887-1975)
55	围剿	Wéijiǎo	Encircle and suppress
56	以失败告终	Yǐ shī bài gàozhōng	End in disaster
57	自己的	Zìjǐ de	Self
58	反动派	Fǎndòngpài	Reactionaries
59	总方针	Zǒng fāngzhēn	General policy; general principle
60	井冈山	Jǐnggāngshān	Jinggang Mountains (in Jiangxi Province)
61	根据地	Gēnjùdì	Base area; base
62	南昌起义	Nánchāng qǐyì	The August 1 Nanchang uprising
63	秋收起义	Qiūshōu qǐyì	The Autumn Harvest Uprising
64	广州起义	Guǎng zhōu qǐyì	Guangzhou Uprising of Dec. 11, 1927 (organized by revolutionary soldiers and workers of Guangzhou city, under the leadership of the Chinese Communist Party)
65	新时代	Xīn shídài	New era
66	农村包围城市	Nóngcūn bāowéi chéngshì	Using the rural areas to encircle the cities; surround the cities from the countryside
67	夺取政权	Duóqǔ zhèngquán	Secure power
68	在此期间	Zài cǐ qíjiān	Ad interim; ad int.
69	侵略战争	Qīnlüè zhànzhēng	A war of aggression/invasion
70	英勇	Yīngyǒng	Heroic; valiant; brave; courageous
71	侵略者	Qīnlüè zhě	Aggressor; invader

| 72 | 赶出 | Gǎn chū | Drive out/away |

Chinese (中文)

最后迫于人民群众的压力，北洋政府不得不把抓捕的学生都释放了，并且宣布罢免。相关官员的职务也没有去巴黎合约上签字。这标志着五四运动的爱国目标得以实现。这场运动是中华人民为了拯救民族危亡，捍卫族尊严，凝聚民族力量而掀起的伟大的革命运动。与此同时，中国人民的思想也迎来了解放，马克思主义在中国广泛传播。

当时的新文化主张民主与科学主要包括三个方面。第一就是民主，他不是狭义的资产阶级民主，而是多数人的民主，是以劳动人民为主体的民主。第二个方面就是科学，他主要指的是马克思主义的科学世界观和社会革命论。第三个方面是反封建的思想启蒙，它主要是反对以前腐朽的封建思想，传递积极上进的中国新思想。

由于中国工人阶级和资产阶级的不断壮大，成立了最早的中国工人阶级政党。在近代以来，中国人民又穷又弱，受尽了外国列强的欺凌，为了改变中华民族的命运，中国人民和无数人人志士经过千辛万苦的探索和百折不挠的斗争，发动了很多自强运动和改良运动，但是就是的农民战争，资产阶级革命，领导的革命，他们照搬西方资本主义的种种方案，既然不能够客观的改变中华人民的现状，无法做到反帝反封建。在这种时代背景下，中国的发展进步客观上要求要有指导人民进行反帝反封建革命的先进理论，必须要有领导中国进步的社会新力量，而这股力量就是中国共产党，中国共产党的诞生成为了历史的必然。

中国共产党制定了反帝反封建的民主革命纲领，发动了工农群众开展革命斗争。当时国内有中国共产党和中国国民党两个党派。中国共产党和国民党两个党派尊崇新三民主义，所以有了国共第一次合作。共产党员一个人身份加入国民党，合作的政治基础是三民主义。国共合作加快了中国革命的进步。创办了黄埔陆军军官学校，为中国培养了军事骨干。中国共产党和国民党本次合作的目的是推翻北洋军阀的统治，并且反对帝国主义。那两个党派的共同努力之下，北洋军阀势力迅速崩溃，是帝国主义就在中国集结兵力制造事端，拉拢了当时的国民党的总司令蒋介石，一起围剿了中国共产党。国共合作全面破裂，大革命也以失败告终。

大革命失败之后，中国共产党依然没有忘记自己的使命，召开了八七会议，并确定了土地革命和武装反抗国民党反动派的总方针，共产党先后发起了多次起义，并创建了井冈山革命根据地。通过南昌起义，秋收起义和广州起义，创造了红军的新时代，进入了土地革命战争时期，也称十年内战时期。在内战过程中，中国共产党提出了农村包围城市，武装夺取政权的理论，最终打败了中国国民党。而在此期间，日本发动了灭亡中国的侵略战争，中国人民进行了英勇的抗战，最终正义战胜了邪恶，将侵略者赶出了中国，成立了新中国。

Pinyin (拼音)

Zuìhòu pò yú rénmín qúnzhòng de yālì, běiyáng zhèngfǔ bùdé bù bǎ zhuā bǔ de xuéshēng dōu shìfàngle, bìngqiě xuānbù bàmiǎn. Xiāngguān guānyuán de zhíwù yě méiyǒu qù bālí héyuē shàng qiānzì. Zhè biāozhìzhe wǔsì yùndòng de àiguó mùbiāo déyǐ shíxiàn. Zhè chǎng yùndòng shì zhōnghuá rénmín wèile zhěngjiù mínzú wéiwáng, hànwèi zú zūnyán, níngjù mínzú lìliàng ér xiānqǐ de wěidà de gémìngyùndòng.

Yǔ cǐ tóngshí, zhōngguó rénmín de sīxiǎng yě yíng lái liǎo jiěfàng, mǎkèsī zhǔyì zài zhōngguó guǎngfàn chuánbò.

Dāngshí de xīn wénhuà zhǔzhāng mínzhǔ yǔ kēxué zhǔyào bāokuò sān gè fāngmiàn. Dì yī jiùshì mínzhǔ, tā bùshì xiáyì de zīchǎn jiējí mínzhǔ, ér shì duōshù rén de mínzhǔ, shì yǐ láodòng rénmín wéi zhǔtǐ de mínzhǔ. Dì èr gè fāngmiàn jiùshì kēxué, tā zhǔyào zhǐ de shì mǎkèsī zhǔyì de kēxué shìjièguān hé shèhuì gémìng lùn. Dì sān gè fāngmiàn shì fǎn fēngjiàn de sīxiǎng qǐméng, tā zhǔyào shi fǎnduì yǐqián fǔxiǔ de fēngjiàn sīxiǎng, chuándì jījí shàngjìn de zhōngguó xīn sīxiǎng.

Yóuyú zhōngguó gōngrén jiējí hé zīchǎn jiējí de bùduàn zhuàngdà, chénglìle zuìzǎo de zhōngguó gōngrén jiējí zhèngdǎng. Zài jìndài yǐlái, zhōngguó rénmín yòu qióng yòu ruò, shòu jǐnle wàiguó lièqiáng de qīlíng, wèile gǎibiàn zhōnghuá mínzú de mìng yùn, zhōngguó rénmín hé wúshù rén rén zhìshì jīngguò qiān xīn wàn kǔ de tànsuǒ hé bǎizhébùnáo de dòuzhēng, fādòngle hěnduō zìqiáng yùndòng hé gǎiliáng yùndòng, dànshì jiùshì de nóngmín zhànzhēng, zīchǎn jiējí gémìng, lǐngdǎo de gémìng, tāmen zhàobān xīfāng zīběn zhǔyì de zhǒngzhǒng fāng'àn, jìrán bù nénggòu kèguān de gǎibiàn zhōnghuá rénmín de xiànzhuàng, wúfǎ zuò dào fǎn dì fǎn fēngjiàn. Zài zhè zhǒng shídài bèijǐng xià, zhōngguó de fā zhǎn jìnbù kèguān shàng yāoqiú yào yǒu zhǐdǎo rénmín jìnxíng fǎn dì fǎn fēngjiàn gémìng de xiānjìn lǐlùn, bìxū yào yǒu lǐngdǎo zhōngguó jìnbù de shèhuì xīn lìliàng, ér zhè gǔ lìliàng jiùshì zhōngguógòngchǎndǎng, zhōngguógòngchǎndǎng de dànshēng chéngwéile lìshǐ de bìrán.

Zhōngguógòngchǎndǎng zhìdìngle fǎn dì fǎn fēngjiàn de mínzhǔ gémìng gānglǐng, fādòngle gōngnóng qúnzhòng kāizhǎn gémìng dòuzhēng. Dāngshí guónèi yǒu zhòng guó gòngchǎndǎng hé zhōngguó guómíndǎng liǎng gè dǎngpài. Zhōngguó gòngchǎndǎng hé guómíndǎng liǎng gè dǎngpài zūnchóng xīn sānmín zhǔyì, suǒyǐ yǒule guó gòng dì yī cì hézuò. Gòngchǎndǎng yuán yīgè rén shēnfèn jiārù guómíndǎng, hézuò de zhèngzhì jīchǔ shì sānmín zhǔyì. Guó gòng hézuò jiākuàile zhōngguó gémìng de jìnbù. Chuàngbànle huángbù lùjūn jūnguān xuéxiào, wéi zhōngguó péiyǎngle jūnshì gǔgàn. Zhōngguó gòngchǎndǎng hé guómíndǎng běn cì hézuò de mùdì shì tuīfān běiyáng jūnfá de tǒngzhì, bìngqiě fǎnduì dìguó zhǔyì. Nà liǎng gè dǎngpài de gòngtóng nǔlì zhī xià, běiyáng jūnfá shìlì xùnsù bēngkuì, shì dìguó zhǔyì jiù zài zhōngguó jíjié bīnglì zhìzào shìduān, lā lǒng liǎo dàng shí de guómíndǎng de zǒng sīlìng jiǎngjièshí, yīqǐ wéijiǎole zhōngguó gòngchǎndǎng. Guó gòng hézuò quánmiàn pòliè, dàgémìng yě yǐ shībài gàozhōng.

Dàgémìng shībài zhīhòu, zhōngguó gòngchǎndǎng yīrán méiyǒu wàngjì zìjǐ de shǐmìng, zhàokāile bāqī huìyì, bìng quèdìngle tǔdì gémìng hé wǔzhuāng fǎnkàng guómíndǎng fǎndòngpài de zǒng fāngzhēn, gòngchǎndǎng xiānhòu fāqǐle duō cì qǐyì, bìng chuàngjiànle jǐnggāngshān gémìng gēnjùdì. Tōngguò nánchāng qǐyì, qiūshōu qǐyì hé guǎngzhōu qǐyì, chuàngzàole hóngjūn de xīn shídài, jìnrùle tǔdì gémìng zhànzhēng shíqí, yě chēng shí nián nèizhàn shíqí. Zài nèizhàn guòchéng zhōng, zhōngguó gòngchǎndǎng tíchūle nóngcūn bāowéi chéngshì, wǔzhuāng duóqǔ zhèngquán de lǐlùn, zuìzhōng dǎbàile zhōngguó guómíndǎng. Ér zài cǐ qíjiān, rìběn fādòngle mièwáng zhōngguó de qīnlüè zhànzhēng, zhōngguó rénmín jìnxíngle yīngyǒng de kàngzhàn, zuìzhōng zhèngyì zhànshèngle xié'è, jiāng qīnlüè zhě gǎn chūle zhōngguó, chénglìle xīn zhōngguó.

FOUNDING OF NEW CHINA (新中国成立)

PART 1

1	一方面	Yī fāngmiàn	One side; for one thing..., for another; on the one hand..., on the other hand
2	帝国主义	Dìguó zhǔyì	Imperialism
3	另一方面	Lìng yī fāngmiàn	On the other hand; the other side of the shield
4	苦不堪言	Kǔ bùkān yán	Suffer unspeakably
5	积弱	Jī ruò	Accumulated declining tendency
6	中华民族	Zhōnghuá mínzú	The Chinese people/nation/ethnic group
7	壮阔	Zhuàngkuò	Vast; grand; magnificent; grandiose
8	站起来	Zhàn qǐlái	Get on somebody's feet; get upon somebody's feet; stand up on somebody's own feet
9	做主	Zuòzhǔ	Decide; take the responsibility for a decision; back up; support
10	新时代	Xīn shídài	New era
11	中国人	Zhōngguó rén	Chinese
12	到现在	Dào xiànzài	Up to now
13	洗刷	Xǐshuā	Wash and brush; scrub
14	封建主义	Fēngjiàn zhǔyì	Feudalism
15	官僚资本主义	Guānliáo zīběn zhǔyì	Bureaucratic capitalism

16	长期以来	Chángqí yǐlái	For a long time; for quite some time
17	饱受	Bǎo shòu	Suffer to the fullest extent
18	压迫	Yāpò	Oppress; repress; constrict; stress
19	欺凌	Qīlíng	Bully and humiliate
20	政治上	Zhèngzhì shàng	Political; in politics
21	新社会	Xīn shèhuì	The new society
22	共和国	Gònghéguó	Republic
23	军阀	Jūnfá	Warlord
24	割据	Gējù	Set up a separatist regime by force of arms
25	战乱	Zhànluàn	Chaos caused by war
26	取而代之	Qǔ'ér dàizhī	Replace somebody; facilitate a takeover; fill somebody's bonnet; fill somebody's shoes
27	民族团结	Mínzú tuánjié	National unity
28	安居乐业	Ānjū lèyè	Live and work in peace; be settled in comfortable jobs; enjoy a good and prosperous life; live a prosperous and contented life
29	新民主主义	Xīnmínzhǔ zhǔyì	New democracy
30	根本上	Gēnběn shàng	Fundamentally; basically; radically
31	发展方向	Fāzhǎn fāngxiàng	Development direction
32	执政党	Zhízhèng dǎng	The party in power; the ruling party; leading party; ins
33	中华人民共和国	Zhōnghuá rénmín	The People's Republic of China

		gònghéguó	
34	胜利	Shènglì	Win; victory; triumph; successfully
35	取而代之	Qǔ'ér dàizhī	Replace somebody; facilitate a takeover; fill somebody's bonnet; fill somebody's shoes
36	新民	Xīn mín	The new people (of a new time)
37	民主革命	Mínzhǔ gémìng	Democratic revolution
38	遗留	Yíliú	Leave over; hand down
39	国民经济	Guómín jīngjì	National economy
40	我们的	Wǒmen de	Ours
41	接下来	Jiē xiàlái	Then; accept; take
42	第一个	Dì yī gè	First; the first; the first one
43	没收	Mòshōu	Confiscate; expropriate
44	官僚资本	Guānliáo zīběn	Bureaucratic capital
45	国营经济	Guóyíng jīngjì	State sector of the economy; state-owned economy
46	领导地位	Lǐngdǎo dìwèi	Position of leadership; status as a leader
47	大资产阶级	Dà zīchǎn jiējí	The big bourgeoisie
48	资本主义	Zīběn zhǔyì	Capitalism
49	国家资本主义	Guójiā zīběn zhǔyì	State capitalism
50	工商业	Gōng shāngyè	Industry and commerce
51	土地改革	Tǔdì gǎigé	Agrarian reform; land reform
52	互助	Hùzhù	Help each other; mutual aid; cooperation; synergism

53	除此之外	Chú cǐ zhī wài	Besides; in addition
54	社会主义工业化	Shèhuì zhǔyì gōngyèhuà	Socialist industrialization
55	百姓	Bǎixìng	Common people; people
56	迫切	Pòqiè	Urgent; pressing
57	富足	Fùzú	Plentiful; abundant; rich
58	工业化	Gōngyèhuà	Industrialize; industrialization
59	同时进行	Tóngshí jìnxíng	At the same time; Simultaneous; concurrently
60	手工业	Shǒugōngyè	Handicraft industry; handicraft; manufacture
61	个体经济	Gètǐ jīngjì	Individual economy; personal business
62	集体经济	Jítǐ jīngjì	Collective economy
63	合作化	Hézuò huà	(Movement to) organize cooperatives
64	赎买政策	Shúmǎi zhèngcè	Policy of redemption; buying-out policy
65	赎买	Shúmǎi	Redeem; buy out
66	不同于	Bùtóng yú	Differ in; be different from; differentiate from
67	具有中国特色	Jùyǒu zhòng guó tèsè	With Chinese characteristics
68	资产阶级	Zīchǎn jiējí	The capitalist class; the bourgeoisie
69	剥削	Bōxuè	Exploit
70	一面	Yīmiàn	One side
71	拥护	Yōnghù	Support; uphold; endorse
72	有偿	Yǒucháng	Paid; compensated; onerous; for value; with compensation

73	而不是	Ér bùshì	But not; instead of; rather than; other than
74	无偿	Wúcháng	Free; gratis; gratuitous
75	剥夺	Bōduó	Deprive; expropriate; strip
76	他们的	Tāmen de	Their; theirs
77	选举权	Xuǎnjǔ quán	The right to vote; franchise
78	中间	Zhōngjiān	Among; between; center; middle
79	积极	Jījí	Positive; active; energetic; vigorous
80	维护	Wéihù	Safeguard; defend; uphold; stick up for
81	社会主义	Shèhuì zhǔyì	Socialism
82	改造	Gǎizào	Transform; reform; remake
83	适当	Shìdàng	Suitable; proper; appropriate
84	安排	Ānpái	Arrange; plan; fix up; make arrangements for
85	有利于	Yǒu lìyú	Be instrumental in; profit; to the prejudice of

Chinese (中文)

在新中国成立之前，中国是半殖民地半封建社会，一方面承受着外来帝国主义的压迫，另一方面又遭受着封建阶级的剥削，百姓生活苦不堪言。新中国的成立彻底改变了近代以后一百多年中国积贫积弱。饱受欺凌的悲惨命运，中华民族也走上了实现伟大复兴的壮阔道路。

新中国的成立代表着中华人民终于站起来了，也迎来了一个人民当家做主的新时代，中国历史从此开辟了一个新的纪元。

一方面外来帝国主义列强压迫中国人奴隶，中国人的历史到现在就结束了，中华民族也洗刷了近百年来的屈辱。第二，国内的封建主义，官僚资本主义统治的历史就结束了，长期以来饱受压迫和欺凌的中华民族在政治上赢得了一个新的机会，成为了新社会，新国家的主人，这是一个真正属于人民的共和国。第三，中国基本统一。

之前军阀割据，战乱频频的历史早就不在了，取而代之的是一个民族团结，社会稳定，百姓安居乐业的中国。第四，为由新民主主义向社会主义的过渡创造了条件，所以是从根本上改变了中国社会的发展方向。第五，中国共产党变成了中国的执政党。所以说中华人民共和国的成立标志着中国的新民主主义革命取得了基本的胜利，半殖民地半封建社会结束了，取而代之的是新民主主义社会。

新民主主义社会权利之后呢，我就需要完成民主革命遗留的任务和恢复国民经济，因为我们的目标是建立社会主义社会，而现在还只是新民主主义社会。所以在接下来我们进行了三大改造，目的就是向社会主义过渡。我们具体进行了三个方面，第一个就是没收官僚资本，确立社会主义性质的国营经济的领导地位。

一方面反对了外国帝国主义，具有民主革命的性质，另一方面反对了中国内的大资产阶级又具有社会主义性质。第二，将资本主义纳入国家资本主义轨道，就是对当时中国的资本主义工商业进行限制，向社会主义改造。三，引导个体农民在土地改革之后走上互助合作的道路。

除此之外呢，中国也在进行社会主义工业化改革。因为当时的中国实在是太穷了，百姓们迫切希望过上富足的生活。所以我们就将社会主义工业化与社会主义改造同时进行。我们对中国的农业，手工业改造，就是把个体经济改造成集体经济，是通过合作化实现的。对资本主义工商业进行了赎买政策，我们的和平赎买不同于其他国家的暴力方式，这是我们独创的，具有中国特色的和平赎买。

因为当时的资产阶级他们既有剥削工人的一面，又有拥护宪法，愿意接受社会主义改造的一面。所以我们有偿的而不是无偿的逐步的改造他们，并且给予他们必要的工作安排，不剥夺他们的选举权，并且对于他们中间积极维护社会主义改造的人进行适当的政治安排。我们通过这样的方式，既维护了中国的资本主义工商业又有利于进行社会主义改造。

Pinyin (拼音)

Zài xīn zhōngguó chénglì zhīqián, zhōngguó shì bàn zhímíndì bànfēngjiàn shèhuì, yī fāngmiàn chéngshòuzhe wàilái dìguó zhǔyì de yāpò, lìng yī fāngmiàn yòu zāoshòuzhe fēngjiàn jiējí de bōxuè, bǎixìng shēnghuó kǔ bùkān yán. Xīn zhōngguó de chénglì chèdǐ gǎi biàn liǎo jìndài yǐhòu yībǎi duō nián zhōngguó jī pín jī ruò. Bǎo shòu qīlíng de bēicǎn mìngyùn, zhōnghuá mínzú yě zǒu shàngle shíxiàn wěidà fùxīng de zhuàngkuò dàolù.

Xīn zhōngguó de chénglì dàibiǎozhuó zhōnghuá rénmín zhōngyú zhàn qǐláile, yě yíng láile yīgè rénmín dāngjiā zuòzhǔ de xīn shídài, zhōngguó lìshǐ cóngcǐ kāipìle yīgè xīn de jìyuán.

Yī fāngmiàn wàilái dìguó zhǔyì lièqiáng yāpò zhōngguó rén núlì, zhōngguó rén de lìshǐ dào xiànzài jiù jiéshùle, zhōnghuá mínzú yě xǐ shuā liǎo jìn bǎinián lái de qūrǔ. Dì èr, guónèi de fēngjiàn zhǔyì, guānliáo zīběn zhǔyì tǒngzhì de lìshǐ jiù jiéshùle, chángqí yǐlái bǎo shòu yāpò hé qīlíng de zhōnghuá mínzú zài zhèngzhì shàng yíngdéle yīgè xīn de jīhuì, chéngwéile xīn shèhuì, xīn guójiā de zhǔrén, zhè shì yīgè zhēnzhèng shǔyú rénmín de gònghéguó. Dì sān, zhōngguó jīběn tǒngyī.

Zhīqián jūnfá gējù, zhànluàn pínpín de lìshǐ zǎo jiù bùzàile, qǔ'érdàizhī dì shì yīgè mínzú tuánjié, shèhuì wěndìng, bǎixìng ānjūlèyè de zhōngguó. Dì sì, wèi yóu xīn mínzhǔ zhǔyì xiàng shèhuì zhǔyì de guòdù chuàngzàole tiáojiàn, suǒyǐ shì cóng gēnběn shàng gǎibiànle zhōngguó shèhuì de fā zhǎn fāngxiàng. Dì wǔ, zhōngguó gòngchǎndǎng biàn chéngle zhōngguó de zhízhèng dǎng. Suǒyǐ shuō zhōnghuá rénmín gònghéguó de chénglì biāozhìzhe zhōngguó de xīn mínzhǔ zhǔyì gémìng qǔdéle jīběn de shènglì, bàn zhímíndì bànfēngjiàn shèhuì jiéshùle, qǔ'érdàizhī dì shì xīn mínzhǔ zhǔyì shèhuì.

Xīn mínzhǔ zhǔyì shèhuì quánlì zhīhòu ne, wǒ jiù xūyào wánchéng mínzhǔ gémìng yíliú de rènwù hé huīfù guómín jīngjì, yīnwèi wǒmen de mùbiāo shì jiànlì shèhuì zhǔyì shèhuì, ér xiànzài hái zhǐshì xīn mínzhǔ zhǔyì shèhuì. Suǒyǐ zài jiē xiàlái wǒmen jìnxíngle sān dà gǎizào, mùdì jiùshì xiàng shèhuì zhǔyì guòdù. Wǒmen jùtǐ jìnxíngle sān gè fāngmiàn, dì yī gè jiùshì mòshōu guānliáo zīběn, quèlì shèhuì zhǔyì xìngzhì de guóyíng jīngjì de lǐngdǎo dìwèi.

Yī fāngmiàn fǎnduìle wàiguó dìguó zhǔyì, jùyǒu mínzhǔ gémìng dì xìngzhì, lìng yī fāngmiàn fǎnduìle zhōngguó nèi de dà zīchǎn jiējí yòu jùyǒu shèhuì zhǔyì xìngzhì. Dì èr, jiāng zīběn zhǔyì nàrù guójiā zīběn zhǔyì guǐdào, jiùshì duì dāngshí zhōngguó de zīběn zhǔyì gōngshāngyè jìnxíng xiànzhì, xiàng shèhuì zhǔyì gǎizào. Sān, yǐndǎo gètǐ nóngmín zài tǔdì gǎigé zhīhòu zǒu shàng hùzhù hézuò de dàolù.

Chú cǐ zhī wài ne, zhōngguó yě zài jìnxíng shèhuì zhǔyì gōngyèhuà gǎigé. Yīnwèi dāngshí de zhōngguó shízài shì tài qióngle, bǎixìngmen pòqiè xīwàngguò shàng fùzú de shēnghuó. Suǒyǐ wǒmen jiù jiāng shèhuì zhǔyì gōngyèhuà yǔ shèhuì zhǔyì gǎizào tóngshí jìnxíng. Wǒmen duì zhōngguó de nóngyè, shǒugōngyè gǎizào, jiùshì bǎ gètǐ jīngjì gǎizào chéng jítǐ jīngjì, shì tōngguò hézuò huà shíxiàn de. Duì zīběn zhǔyì gōngshāngyè jìnxíngle shúmǎi zhèngcè, wǒmen de hépíng shúmǎi bùtóng yú qítā guójiā de bàolì fāngshì, zhè shì wǒmen dúchuàng de, jùyǒu zhòng guó tèsè de hépíng shúmǎi.

Yīnwèi dāngshí de zīchǎn jiējí tāmen jì yǒu bōxuè gōngrén de yīmiàn, yòu yǒu yǒnghù xiànfǎ, yuànyì jiēshòu shèhuì zhǔyì gǎizào de yīmiàn. Suǒyǐ wǒmen yǒucháng de ér bùshì wúcháng de zhúbù de gǎizào tāmen, bìngqiě jǐyǔ tāmen bìyào de gōngzuò ānpái, bù bōduó tāmen de xuǎnjǔquán, bìngqiě duìyú tāmen zhōngjiān jījí wéihù shèhuì zhǔyì gǎizào de rén jìnxíng shìdàng de zhèngzhì ānpái. Wǒmen tōngguò zhèyàng de fāngshì, jì wéihùle zhōngguó de zīběn zhǔyì gōngshāngyè yòu yǒu lìyú jìnxíng shèhuì zhǔyì gǎizào.

PART 2

1	社会主义建设	Shèhuì zhǔyì jiànshè	Socialist construction
2	曲折	Qūzhé	Circuitous; intricate; ups and downs; tortuous
3	具有中国特色	Jùyǒu zhòng guó tèsè	With Chinese characteristics
4	创新性	Chuàngxīn xìng	Innovation; Innovative
5	中国特色社会主义	Zhōngguó tèsè shèhuì zhǔyì	Socialism with Chinese characteristics; Chinese socialism
6	跨世纪	Kuà shìjì	Trans-century; cross-century
7	提倡	Tíchàng	Advocate; promote; encourage; recommend
8	友爱	Yǒu'ài	Friendly affection; fraternal love
9	共赢	Gòng yíng	Win-win; all-win
10	经济体	Jīngjì tǐ	Economy; Economies; Member Economy
11	各族人民	Gè zú rénmín	People of all nationalities
12	共同发展	Gòngtóng fāzhǎn	Common development; Co-development; mutual development
13	携手	Xiéshǒu	Hand in hand
14	坚决	Jiānjué	Firm; resolute; determined; resolved
15	拥护	Yǒnghù	Support; uphold; endorse
16	世界和平	Shìjiè hépíng	Universal peace; world peace
17	反对	Fǎnduì	Oppose; be opposed to; object to; be against
18	伤痛	Shāng tòng	Grieved; distressed

19	经济发展	Jīngjì fāzhǎn	Economic development
20	停滞	Tíngzhì	Stagnate; bog down; be at a standstill; stagnation
21	坚信	Jiānxìn	Firmly believe; be firmly convinced; be fully confident of
22	世界上	Shìjiè shàng	On earth
23	礼仪之邦	Lǐyí zhī bāng	Land of ceremony and propriety
24	终究	Zhōngjiù	Eventually; in the end; after all
25	共商	Gòng shāng	Discuss together; hold joint discussion
26	世界各地	Shìjiè gèdì	All over the world; the four corners of the earth
27	新中国成立以来	Xīn zhōngguó chénglì yǐlái	By New China is founded
28	飞速	Fēisù	At full speed
29	越来越	Yuè lái yuè	More and more
30	疫情	Yìqíng	Information about and appraisal of an epidemic; epidemic situation
31	爆发	Bàofā	Erupt; burst; break out; blow up
32	果断	Guǒduàn	Resolute; decisive
33	百姓	Bǎixìng	Common people; people
34	调配	Diàopèi	Allocate; deploy; mix; blend
35	领先	Lǐngxiān	Be in the lead; lead
36	社会主义制度	Shèhuì zhǔyì zhìdù	Socialist system
37	团结互助	Tuánjié hùzhù	Work in unity and help one another; unity and mutual aid; work in unity and close cooperation
38	众志成城	Zhòngzhì	Our wills unite like a fortress; a

		chéngchéng	common will is strong as the bulwarks; united people is like a city defense
39	现如今	Xiàn rújīn	Nowadays; now; Are now
40	蔓延	Mànyán	Spread; stretch; extend; infest
41	防疫	Fángyì	Epidemic prevention
42	开辟	Kāipì	Open up; hew out; break
43	中国人	Zhōngguó rén	Chinese
44	安全感	Ānquán gǎn	Sense of security
45	初级	Chūjí	Elementary; primary; junior; initial
46	长期	Chángqí	Over a long period of time; long-term; long range; secular
47	处于	Chǔyú	Be
48	阶段	Jiēduàn	Stage; phase; period; gradation
49	富强	Fùqiáng	Prosperous and strong; thriving and powerful; rich and mighty
50	民主	Mínzhǔ	Democracy; democratic rights; democratic
51	文明	Wénmíng	Civilization; culture; civilized
52	和谐	Héxié	Harmonious; melodious; tuneful; accord
53	社会主义	Shèhuì zhǔyì	Socialism
54	现代化	Xiàndàihuà	Modernize; modernization
55	还有	Hái yǒu	There is still some left; still

Chinese (中文)

然而我们社会主义建设过程中仍然是曲折的。因为我们是发展的具有中国特色的社会主义，具有创新性并且符合中国国情，所以我们一直是在探索中发展，摸索着前进，最终迎来了中国特色社会主义事业的跨世纪发展，我们提倡友爱和平，合作，共赢。

我们希望能够达到共同富裕，我们认为全球是一个经济体，世界各族人民只有共同发展，携手共进，才能一起创造美好的生活。我们坚决拥护世界和平，反对战争，战争不仅给各国人民带来了巨大的伤痛，并且也会使经济发展停滞，对各国人民来说都是一个灾难。我们坚信中国作为世界上的人口大国，礼仪之邦，也终究会将这种合作共赢共商共建的中国思想传播到世界各地。

新中国成立以来，中国在经济，政治，文化各个方面飞速发展，人民生活也越来越幸福。2019 年新冠疫情爆发，中国采取积极的防疫措施，果断封城，为百姓运粮运菜，积极调配各地的医疗防护人员，以领先世界各国的速度迅速控制了疫情，靠的就是我们先进的社会主义制度，面对疫情，我们团结互助，众志成城，现如今，疫情虽然蔓延在世界各国，但中国的防疫政策为中国人民开辟了一条安全之路，如果中国人也感受到了巨大的安全感，可以认真学习，好好工作。我国现在是社会主义发展的初级阶段，并且将长期处于这个阶段，把我国建设成富强，民主，文明，和谐的社会主义现代化国家还有很长的路要走。

Pinyin (拼音)

Rán'ér wǒmen shèhuì zhǔyì jiànshè guòchéng zhōng réngrán shì qūzhé de. Yīnwèi wǒmen shì fāzhǎn de jùyǒu zhòng guó tèsè de shèhuì zhǔyì, jùyǒu chuàngxīn xìng bìngqiě fúhé zhōngguó guóqíng, suǒyǐ wǒmen yīzhí shì zài tànsuǒ zhōng fāzhǎn, mōsuǒzhe qiánjìn, zuìzhōng yíng láile zhōngguó tèsè shèhuì zhǔyì shìyè de kuà shìjì fāzhǎn, wǒmen tíchàng yǒu'ài hépíng, hézuò, gòng yíng.

Wǒmen xīwàng nénggòu dádào gòngtóng fùyù, wǒmen rènwéi quánqiú shì yīgè jīngjì tǐ, shìjiè gè zú rénmín zhǐyǒu gòngtóng fāzhǎn, xiéshǒu gòng jìn, cáinéng yīqǐ chuàngzào měihǎo de shēnghuó. Wǒmen jiānjué yǒnghù shìjiè hépíng, fǎnduì zhànzhēng, zhànzhēng bùjǐn gěi gèguó rénmín dài láile jùdà de shāng tòng, bìngqiě yě huì shǐ jīngjì fāzhǎn tíngzhì, duì gèguó rénmín lái shuō dōu shì yīgè zāinàn. Wǒmen jiānxìn zhōngguó zuòwéi shìjiè shàng de rénkǒu dàguó, lǐyí zhī bāng, yě zhōngjiù huì jiāng zhè zhǒng hézuò gòng yíng gòng shāng gòng jiàn de zhōngguó sīxiǎng chuánbò dào shìjiè gèdì.

Xīn zhōngguó chénglì yǐlái, zhōngguó zài jīngjì, zhèngzhì, wénhuà gège fāngmiàn fēisù fāzhǎn, rénmín shēnghuó yě yuè lái yuè xìngfú.2019 Nián xīnguān yìqíng bàofā, zhōngguó cǎiqǔ jījí de fángyì cuòshī, guǒduàn fēng chéng, wèi bǎixìng yùn liáng yùn cài, jījí diàopèi gèdì de yīliáo fánghù rényuán, yǐ lǐngxiān shìjiè gèguó de sùdù xùnsù kòngzhìle yìqíng, kào de jiùshì wǒmen xiānjìn de shèhuì zhǔyì zhìdù, miàn duì yìqíng, wǒmen tuánjié hùzhù, zhòngzhìchéngchéng, xiàn rújīn, yìqíng suīrán mànyán zài shìjiè gèguó, dàn zhōngguó de fángyì zhèngcè wéi zhōngguó rénmín kāipìle yītiáo ānquán zhī lù, rúguǒ zhōngguó rén yě gǎnshòu dàole jùdà de ānquán gǎn, kěyǐ rènzhēn xuéxí, hǎohǎo gōngzuò. Wǒguó xiànzài shì shèhuì zhǔyì fāzhǎn de chūjí jiēduàn, bìngqiě jiāng chángqí chǔyú zhège jiēduàn, bǎ wǒguó jiànshè chéng fùqiáng, mínzhǔ, wénmíng, héxié de shèhuì zhǔyì xiàndàihuà guójiā hái yǒu hěn zhǎng de lù yào zǒu.

THE NANJING MASSACRE (南京大屠杀)

PART 1

1	南京大屠杀	Nánjīng dà túshā	The Rape of Nanking; the Nanjing Massacre
2	发生在	Fāshēng zài	Happen to; occur to; Occurs
3	抗日战争	Kàngrì zhànzhēng	The War of Resistance Against Japan; Counter-Japanese War
4	沦陷	Lúnxiàn	Be occupied by the enemy; fall into enemy hands; submerge; flood
5	附近地区	Fùjìn dìqū	Nearby regions
6	有计划	Yǒu jìhuà	In a planned way; according to plan
7	预谋	Yùmóu	Premeditate; deliberate; plan beforehand; plan in advance
8	奸淫	Jiānyín	Illicit sexual relations; adultery; rape; seduce
9	放火	Fànghuǒ	Set fire to; set on fire; commit arson; create disturbances
10	暴虐	Bàonüè	Brutal; cruel; despotic; tyrannical
11	全世界	Quán shìjiè	The whole world; the whole creation
12	灾难	Zāinàn	Suffering; calamity; disaster; catastrophe
13	清华	Qīnghuá	Outstanding and beautiful; eminent and honest gentlemen; enchanting views
14	公然	Gōngrán	Openly; brazenly

15	国际条约	Guójì tiáoyuē	International treaty
16	道德准则	Dàodé zhǔnzé	Code of ethics; moral code
17	试问	Shìwèn	We should like to ask; it may well be asked; may we ask
18	世界上	Shìjiè shàng	On earth
19	人性	Rénxìng	Human nature; humanity; normal human feelings; reason
20	陷入	Xiànrù	Sink into; fall into; land oneself in; be caught in
21	七七事变	Qīqī shìbiàn	The July 7 Incident of 1937
22	南京	Nánjīng	Nanjing
23	失守	Shīshǒu	Fall
24	下达	Xiàdá	Make known to lower levels; transmit to lower levels
25	就地	Jiù dì	On the spot; locally
26	受害人	Shòuhài rén	Victim; person aggrieved; sufferer; aggrieved party
27	烧毁	Shāohuǐ	Burn down; burn up; consumption; burnout
28	四十多	Sìshí duō	More than forty
29	狂轰滥炸	Kuáng hōng làn zhà	Bomb savagely; bomb wantonly and indiscriminately; wanton and indiscriminate bombing; wanton bombing
30	历史上	Lìshǐ shàng	Historically; in history
31	第一次	Dì yī cì	First; for the first time
32	明文规定	Míngwén guīdìng	Expressly provide; stipulate explicitly; stipulate in explicit terms; explicitly to say that
33	空袭	Kōngxí	Air raid; air attack; strike

34	底线	Dǐxiàn	Baseline; end line; (of sewing) under thread; planted agent
35	陆军	Lùjūn	Army; ground force; land force
36	使用法	Shǐyòng fǎ	Method of use/application
37	挫败	Cuòbài	Frustrate; foil; thwart; defeat
38	无差别	Wú chābié	Make no difference
39	奋起	Fènqǐ	Make a vigorous start; rise vigorously
40	击落	Jíluò	Shoot down; bring down; down
41	击伤	Jí shāng	Wound; injure; damage
42	集体屠杀	Jítǐ túshā	Pogrom
43	进城	Jìn chéng	Go into town; go to town
44	随时随地	Suíshí suídì	Whenever and wherever possible; always and everywhere; any time and any place; at all times and places
45	屠杀	Túshā	Massacre; butcher; slaughter
46	中国人	Zhōngguó rén	Chinese
47	特别是	Tèbié shì	Particular; special
48	军警	Jūn jǐng	Military police
49	无数次	Wúshù cì	Times out of number; times out without number; tons of times
50	机枪	Jīqiāng	Machine gun; stutterer
51	活埋	Huómái	Bury alive
52	放下武器	Fàngxià wǔqì	Lay down (one's) arms; surrender
53	机枪扫射	Jīqiāng sǎoshè	Strafe; Machine gun shot
54	火化	Huǒhuà	Cremation
55	惨无人道	Cǎnwú	Be brutal and inhuman; be very

		réndào	cruel and inhuman; cold-blooded; cruel
56	逃出	Táo chū	Escape; run away from
57	囚禁	Qiújìn	Imprison; put in jail; put in prison; keep in captivity
58	饿死	È sǐ	Die from hunger; starve to death
59	打死	Dǎ sǐ	Beat to death
60	杀人	Shārén	Kill a person; murder
61	少尉	Shàowèi	Second lieutenant; ensign; pilot officer; squadron leader
62	军官	Jūnguān	Officer
63	另外一个	Lìngwài yīgè	Another; the other; yet another
64	继续比赛	Jìxù bǐsài	Keep the field; ball in play; live ball
65	他们的	Tāmen de	Their; theirs
66	暴行	Bàoxíng	Savage act; act of violence; unruly conduct; outrage
67	图文并茂	Túwén bìngmào	The picture and its accompanying essay are both excellent
68	连载	Liánzài	Publish in instalments; serialize
69	成千上万	Chéng qiān shàng wàn	Tens of thousands of; thousands and tens of thousands of; thousands and thousands of; thousands on thousands of
70	受不了	Shòu bùliǎo	Be unable to endure; cannot stand (or endure)
71	折磨	Zhémó	Cause physical or mental suffering
72	中国文化	Zhōngguó wénhuà	Chinese Culture; Culture China; China culture
73	珍品	Zhēnpǐn	Gem; treasure
74	掠夺	Lüèduó	Plunder; rob; pillage

75	纵火	Zònghuǒ	Set on fire; commit arson; incendiary
76	财产损失	Cáichǎn sǔnshī	Property loss
77	据报道	Jù bàodào	According to the report
78	送回	Sòng huí	Return; send back
79	法币	Fǎbì	Paper currency issued by the KMT government starting 1935

Chinese (中文)

南京大屠杀发生在 1931 年~1945 年中国的抗日战争期间，当时的中国南京沦陷了，被日军占领，日军在南京及附近地区进行了长达六个星期的有织，有计划，有预谋的大屠杀，奸淫，放火，抢劫，南京大屠杀极其的残忍，遇难的人数超过了 30 万，这次屠杀揭露了日军暴虐的本质，不仅是中国人民的灾难，更是全世界人民的灾难。这种清华行为是公然违反国际条约和人类基本道德准则的，试问如果世界上的每个国家都像日本一样，采取毫无人性的战略扩张，那我们世界人民将会陷入怎样的灾难呀！

1937 年七七事变后，日本开始了对中国的大规模侵略，南京失守，日军下达了就地征收粮食的命令，日军在抢劫中奸淫妇女，为了掩盖自己抢劫和强奸的罪恶，日军除了杀死受害人，还会放烧毁整个村庄。当南京彻底被日军控制之后，开始了长达四十多天的南京大屠杀。日军首先在攻入南京之前就对南京周边的地区进行狂轰滥炸，这是人类历史上第一次明文规定可以在战争中直接以平民和居民街道文目标实施空袭，突破了战争伦理的底线。日本陆军航空本部通过了航空部队使用法中的 103 条规定，"战略攻击的实施属于破坏药地内包括政治经济，产业等中枢机关。并且重要的是直接空袭市民，给国民造成了极大恐怖，挫败其意志。"后来日军又对南京实行了无差别轰炸，中国人民也奋起反抗，击落了四架飞机，击伤一架。

后来日军对南京进行了大规模集体屠杀，进城的人有5万人，他们对南京居民进行了随时随地的任意屠杀，还对中国人特别是除了武装的军警人员进行了无数次的集体屠杀。他们采取的手段极其残忍，包括机枪射杀，集体活埋等。在日军占领的第三天，对已经放下武器的中国军警人员三千多人，进行机枪扫射，将杀死的人和受伤没死的一起进行焚烧，火化。日军每到一个地方就进行惨无人道的屠杀，还将从南京城中逃出的人，囚禁起来，饿死或者打死。

更过分的是，日军竟然将杀人当作比赛，举办了杀人竞赛。

当时那两个少尉军官在长官的鼓励之下约定杀人竞赛，谁先杀满100人，谁就获胜。他是他们一人杀了105，另外一个杀了106，因为确定不了是谁先杀入100人的，继续比赛比谁先杀满150个人。他们的这些暴行在报纸上图文并茂的连载，被他们称为"皇军的英雄"。

此外，日军占领南京后，强奸了成千上万的妇女，有些妇女甚至被日军强奸好几次，往往有很多妇女受不了日军的折磨而自杀，日军还强迫发生乱伦行为，毫无人性。日军对中国文化珍品也进行了大量的掠夺，抢劫和纵火，给中国造成了巨大的财产损失，据报道，南京31%的建筑被烧毁，电图烧毁比例更高。日军送回及抢劫造成的损失高达1亿法币。

Pinyin (拼音)

Nánjīng dà túshā fāshēng zài 1931 nián ~1945 nián zhōngguó de kàngrì zhànzhēng qíjiān, dāngshí de zhōngguó nánjīng lúnxiànle, bèi

rìjūn zhànlǐng, rìjūn zài nánjīng jí fùjìn dìqū jìnxíngle zhǎng dá liù gè xīngqí de yǒu zhī, yǒu jìhuà, yǒu yùmóu de dà túshā, jiānyín, fànghuǒ, qiǎngjié, nánjīng dà túshā jíqí de cánrěn, yùnàn de rénshù chāoguòle 30 wàn, zhè cì túshā jiēlùle rìjūn bàonüè de běnzhí, bùjǐn shì zhōngguó rénmín de zāinàn, gèng shì quán shìjiè rénmín de zāinàn. Zhè zhǒng qīnghuá xíngwéi shì gōngrán wéifǎn guójì tiáoyuē hé rénlèi jīběn dàodé zhǔnzé de, shìwèn rúguǒ shìjiè shàng de měi gè guójiā dōu xiàng rìběn yīyàng, cǎiqǔ háo wú rénxìng de zhànlüè kuòzhāng, nà wǒmen shìjiè rénmín jiāng huì xiànrù zěnyàng de zāinàn ya!

1937 Nián qīqī shìbiàn hòu, rìběn kāishǐle duì zhōngguó de dà guīmó qīnlüè, nánjīng shīshǒu, rìjūn xiàdále jiù dì zhēngshōu liángshí de mìnglìng, rìjūn zài qiǎngjié zhōng jiānyín fùnǚ, wèile yǎngài zìjǐ qiǎngjié hé qiángjiān de zuì'è, rìjūn chúle shā sǐ shòuhài rén, hái huì fàng shāohuǐ zhěnggè cūnzhuāng. Dāng nánjīng chèdǐ bèi rìjūn kòngzhì zhīhòu, kāishǐle zhǎng dá sìshí duō tiān de nánjīng dà túshā. Rìjūn shǒuxiān zài gōng rù nánjīng zhīqián jiù duì nánjīng zhōubiān dì dìqū jìnxíng kuáng hōng làn zhà, zhè shì rénlèi lìshǐ shàng dì yī cì míngwén guīdìng kěyǐ zài zhànzhēng zhōng zhíjiē yǐ píngmín hé jūmín jiedào wén mùbiāo shíshī kōngxí, túpòle zhànzhēng lúnlǐ de dǐxiàn. Rìběn lùjūn hángkōng běnbù tōngguòle hángkōng bùduì shǐyòng fǎ zhōng de 103 tiáo guīdìng,"zhànlüè gōngjí de shíshī shǔyú pòhuài yào denèi bāokuò zhèngzhì jīngjì, chǎnyè děng zhōngshū jīguān. Bìngqiě zhòngyào de shì zhíjiē kōngxí shìmín, gěi guómín zàochéngle jí dà kǒngbù, cuòbài qí yìzhì." Hòulái rìjūn yòu duì nánjīng shí xíng liǎo wú chābié hōngzhà, zhōngguó rénmín yě fènqǐ fǎnkàng, jíluòle sì jià fēijī, jí shāng yī jià.

Hòulái rìjūn duì nánjīng jìnxíngle dà guīmó jítǐ túshā, jìn chéng de rén yǒu 5 wàn rén, tāmen duì nánjīng jūmín jìnxíngle suíshí suídì de rènyì túshā, hái duì zhōngguó rén tèbié shì chúle wǔzhuāng de jūn jǐng rényuán jìnxíng liǎo wúshù cì de jítǐ túshā. Tāmen cǎiqǔ de shǒuduàn jíqí cánrěn, bāokuò jīqiāng shè shā, jítǐ huómái děng. Zài rìjūn zhànlǐng de dì sān tiān, duì yǐjīng fàngxià wǔqì de zhōngguó jūn jǐng rényuán sānqiān duō rén, jìnxíng jīqiāng sǎoshè, jiāng shā sǐ de rén hé shòushāng méi sǐ de yīqǐ jìnxíng fénshāo, huǒhuà. Rìjūn měi dào yīgè dìfāng jiù jìn xíng cǎnwúréndào de túshā, hái jiāng cóng nánjīng chéngzhōng táo chū de rén, qiújìn qǐlái, è sǐ huòzhě dǎ sǐ.

Gèng guòfèn de shì, rìjūn jìngrán jiāng shārén dàng zuò bǐsài, jǔbànle shārén jìngsài.

Dāngshí nà liǎng gè shàowèi jūnguān zài zhǎngguān de gǔlì zhī xià yuēdìng shārén jìngsài, shéi xiān shā mǎn 100 rén, shéi jiù huòshèng. Tā shì tāmen yīrén shāle 105, lìngwài yīgè shāle 106, yīnwèi quèdìng bùliǎo shì shéi xiān shā rù 100 rén de, jìxù bǐsài bǐ shéi xiān shā mǎn 150 gèrén. Tāmen de zhèxiē bàoxíng zài bàozhǐ shàng túwénbìngmào de liánzài, bèi tāmen chēng wèi "huáng jūn de yīngxióng".

Cǐwài, rìjūn zhànlǐng nánjīng hòu, qiángjiānle chéng qiān shàng wàn de fùnǚ, yǒuxiē fùnǚ shènzhì bèi rìjūn qiángjiān hǎojǐ cì, wǎngwǎng yǒu hěnduō fùnǚ shòu bùliǎo rìjūn de zhémó ér zìshā, rìjūn hái qiǎngpò fāshēng luànlún xíngwéi, háo wú rénxìng. Rìjūn duì zhōngguó wénhuà zhēnpǐn yě jìnxíngle dàliàng de lüèduó, qiǎngjié hé zònghuǒ, gěi zhōngguó zàochéngle jùdà de cáichǎn sǔnshī, jù bàodào, nánjīng 31%de jiànzhú bèi shāohuǐ, diàn tú shāohuǐ bǐlì gèng gāo. Rìjūn sòng huí jí qiǎngjié zàochéng de sǔnshī gāodá 1 yì fǎbì.

PART 2

1	现如今	Xiàn rújīn	Nowadays; now; Are now
2	南京大屠杀	Nánjīng dà túshā	The Rape of Nanking; the Nanjing Massacre
3	无人性	Wú rénxìng	Inhuman; inhumanity
4	屈辱	Qūrǔ	Humiliation; disgrace; mortification
5	噩梦	Èmèng	Nightmare; frightening dream; horrible dream
6	侵华	Qīn huá	Aggression against China
7	大屠杀	Dà túshā	Massacre; holocaust; wholesale slaughter
8	纪念馆	Jìniànguǎn	Memorial Hall; museum in memory of
9	死难	Sǐnàn	Die in an accident or a political incident
10	遗属	Yíshǔ	Family members of the deceased
11	朝日	Zhāorì	The rising sun; the morning sun
12	曼彻斯特	Mànchè sītè	Manchester
13	过往	Guòwǎng	Come and go
14	罪行	Zuìxíng	Crime; guilt; offence
15	佐证	Zuǒzhèng	Evidence; proof
16	历史上	Lìshǐ shàng	Historically; in history
17	抹掉	Mǒ diào	Erase; wipe away
18	铭记	Míngjì	Engrave on one's mind; always remember

19	越来越强大	Yuè lái yuè qiángdà	Become stronger and stronger; go from strength to strength
20	重演	Chóngyǎn	Put on an old play; repeat the performance
21	暴行	Bàoxíng	Savage act; act of violence; unruly conduct; outrage
22	安宁	Ānníng	Peaceful; tranquil; calm; composed
23	恶行	È xíng	Evildoing; vicious behavior; bad conduct
24	深恶痛绝	Shēnwù tòngjué	Cherish an undying hatred for; abhor; detest; detest and keep away from
25	早日	Zǎorì	At an early date; early; soon
26	道歉	Dàoqiàn	Apologize; make an apology
27	合作关系	Hézuò guānxì	Partnership; cooperative relationship; Partnerships
28	痛改前非	Tòng gǎi qián fēi	Repent thoroughly of one's misdeeds; correct one's errors
29	展现	Zhǎnxiàn	Unfold before one's eyes; emerge
30	我们的	Wǒmen de	Ours
31	大国	Dàguó	Power; leading powers; great power
32	胸怀	Xiōnghuái	Mind; heart; breast
33	世界和平	Shìjiè hépíng	Universal peace; world peace

Chinese (中文)

现如今仍然有南京大屠杀的幸存者，那段惨无人性的屈辱历史也成了幸存者永远的噩梦。侵华日军南京大屠杀遇难同胞纪念馆登记了 1513 名南京大屠杀死难者遗属，年龄最大的有 90 岁，年龄最小的只有三岁，南京大屠杀之后，日军否认了这段历史，但当时很多的外国记者却记下了这一幕。例如当时的《东史郎日记》，《朝日新闻》，英国的《曼彻斯特导报》，一不是对日军过往所犯下的种种罪行最好的佐证。

现如今，南京大屠杀已过去很久了，中国的历史上这一笔永远也无法抹掉，中国人民也将铭记历史，将这种屈辱化为前进的力量，将中国发展的越来越强大，不让这种历史再重演。中国也希望世界各国人民团结起来，坚决抵制这种暴行，给世界各国和平与安宁。我们对日本做出这种恶行并篡改历史的做法深恶痛绝，也期待日本能够早日改正，给中国一个正式的道歉，但南京大屠杀已成为过往，中国也希望与各国人民建立友好的合作关系，如果日本能够痛改前非，我们也愿展现我们的大国胸怀，与日本和平发展，维护世界和平。

Pinyin (拼音)

Xiàn rújīn réngrán yǒu nánjīng dà túshā de xìngcún zhě, nà duàn cǎn wú rénxìng de qūrǔ lìshǐ yě chéngle xìngcún zhě yǒngyuǎn de èmèng. Qīn huá rìjūn nánjīng dà túshā yùnàn tóngbāo jìniànguǎn dēngjìle 1513 míng nánjīng dà túshā sǐnàn zhě yíshǔ, niánlíng zuìdà de yǒu 90 suì, niánlíng zuìxiǎo de zhǐyǒu sān suì, nánjīng dà túshā zhīhòu, rìjūn fǒurènle zhè duàn lìshǐ, dàn dāngshí hěnduō de wàiguó jìzhě què jì xiàle zhè yīmù. Lìrú dāngshí de "dōng shǐláng rìjì","zhāorì xīnwén", yīngguó de "mànchèsītè dǎobào", yī bùshì duì rìjūn guòwǎng suǒ fàn xià de zhǒngzhǒng zuìxíng zuì hǎo de zuǒzhèng.

Xiàn rújīn, nánjīng dà túshā yǐ guòqù hěnjiǔle, zhōngguó de lìshǐ shàng zhè yī bǐ yǒngyuǎn yě wúfǎ mǒ diào, zhōngguó rénmín yě jiāng míngjì lìshǐ, jiāng zhè zhǒng qūrǔ huà wéi qiánjìn de lìliàng, jiàng zhōngguó fāzhǎn de yuè lái yuè qiángdà, bù ràng zhè zhǒng lìshǐ zài chóngyǎn. Zhōngguó yě xīwàng shìjiè gèguó rénmín tuánjié qǐlái, jiānjué dǐzhì zhè zhǒng bàoxíng, gěi shìjiè gèguó hépíng yǔ ānníng. Wǒmen duì rìběn zuò chū zhè zhǒng è háng bìng cuàngǎi lìshǐ de zuòfǎ shēnwùtòngjué, yě qídài rìběn nénggòu zǎorì gǎizhèng, gěi zhōngguó yīgè zhèngshì de dàoqiàn, dàn nánjīng dà túshā yǐ chéngwéi guòwǎng, zhōngguó yě xīwàng yǔ gèguó rénmín jiànlì yǒuhǎo de hézuò guānxì, rúguǒ rìběn nénggòu tòng gǎi qián fēi, wǒmen yě yuàn zhǎnxiàn wǒmen de dàguó xiōnghuái, yǔ rìběn hépíng fāzhǎn, wéihù shìjiè hépíng.

www.QuoraChinese.com

www.ingramcontent.com/pod-product-compliance
Lightning Source LLC
LaVergne TN
LVHW081509060526
838201LV00056BA/3016